15.-

Seebuch

Eine Hommage an den Hallwilersee von David Zehnder

Der Hallwilersee

Der Hallwilersee? Man kann – tourismusfördernd – von der «Visitenstube des Aargaus» sprechen. Man kann auf das ungelöste ökologische Problem der Burgunderblutalge hinweisen oder darüber streiten, wie weit das Landschaftsschutzdekret gelockert werden sollte. Man kann liebevoll-spöttisch vom «Halblitersee» sprechen. Oder sachlich, wie Charles Tschopp es in seiner Landeskunde des Aargaus getan hat, die Fakten festhalten: «Der Hallwilersee liegt 449 m über Meer, misst 8,5 km in der Länge, 1,5 km in der grössten Breite und besitzt eine Uferlänge von 18,5 km. Die Fläche ist 10,29 km^2, wovon 8,7 km^2 im Aargau liegen. Seine grösste Tiefe beträgt 48 m.» Man kann ebenda von der «Toteistheorie» Kenntnis nehmen, wonach beim Rückzug der Gletscher eine gewaltige Eisblase liegen geblieben wäre und über lange Zeiträume hin die Zuschotterung der Talmulde verhindert hätte.
Man kann aber auch all die privateren Erinnerungen und Bilder zusammenklauben, die der Name Hallwilersee vom Grund des Vergessens aufwirbelt. Die Angst des kleinen Kindes etwa bei der ersten Ausfahrt im schwankenden Ruderboot. Später das Gleiten im Faltboot durch Ried und Schilf, unter Ästen hindurch, die über das Wasser herabhängen, als wäre man in der Wildnis unterwegs mit Lederstrumpf und Chingachgook. Damals auch schon die Ahnungen und Knabenphantasien, die durch ein Wort wie «Frauenbad» geweckt wurden. Überhaupt die Sommerhitze, all die fauligen Gerüche und die seltsamen Laute von glucksendem Wasser und unsichtbarem Getier, die Wärme der Holzbohlen unter den Füssen oder die spitzen Steine, das eigenartige Licht, die Spiegelungen und Schattenwürfe, diese ewig bewegte Wasserfläche, die einmal opak den Himmel und die Umgebung verzerrt reflektiert und gleich daneben transparent den Blick auf den Grund freigibt, auf diese algenüberwachsene Unterwasserwelt. Oder dann die völlig andere Stimmung an einem nebligen Oktobermorgen, wenn der Blick schon wenige Meter vom Ufer entfernt verschluckt wird und der im Boot stehende Fischer als unwirklich verschwommene Silhouette auftaucht und wieder verschwindet.
Hier, beim vielfältigen, unerschöpflich wechselnden optischen Erscheinungsbild des Hallwilersees, treffen wir auf David Zehnder und seine Fotografien. Vor achtundzwanzig Jahren ist er nach Beinwil gezogen, in das ehemalige Atelierhäuschen von Eugen Maurer. Und dann ist der See ihm zur Obsession geworden. Er, der Eisenplastiker, der computergestützt seriell arbeitet, der Erschaffer minimaler Raumereignisse von kühlrationaler Rechtwinkligkeit – derselbe David Zehnder streift dem Ufer entlang, steigt in wasserdichten Fischerhosen ins ufernahe Wasser, schleicht heimlich um Bootshäuser, verschafft sich vom Flugzeug aus die Vogelschau auf das Seetal, immer mit der Kamera in der Hand auf der Suche nach neuen Objekten,

Situationen und Stimmungen – und der See ist ihm nichts schuldig geblieben. Tausende von Aufnahmen haben sich im Lauf der Jahre angesammelt. Dutzende von Bildern zeigen dasselbe Motiv; aber es ist nie dasselbe, es sind Variantenreihen, die das statische Einzelbild zum Teil von Bewegungsabläufen, zum Beleg atmosphärischer Veränderungen machen. Es gibt diese Totalen des kaum bewegten Sees, sei es mit freier Sicht auf die Alpen oder im leisen Dunst, wo in weiter Ferne Himmel und Wasser fugenlos ineinander überzugehen scheinen, während links und rechts zarte Hügelkulissen sich um die horizontale Symmetrieachse verdoppelt vorschieben. Aber versessen ist David Zehnder eher auf Details, auf die kleine Pfütze im Innern eines Seerosenblattes, auf den intensiv leuchtenden Farbklecks eines von der Sonne gestreiften Bugs oder Hecks im Bootshausdunkel, auf konstruktive Eigenheiten dieser Bauten aus Balken und Brettern (hier dann doch eine gewisse Nähe zu seinen stereometrischen Eisenskulpturen), auf Spiegelungen und Lichtphänomene. Vor allem auf diese. Er nimmt die Fotografie beim Wort, lichtet das Licht ab, beobachtet das Licht sozusagen beim Zeichnen. Wenn die Sonne blendend durch die Ritzen einer Bretterwand ins schattige Innere eines dieser Pfahlbauten dringt und auf die Wasseroberfläche und gleich nochmals auf den Seeboden, aber in anderem Winkel, anders gekrümmt, helle Striche zeichnet, dann entstehen Vexierbilder, die man eher einer manisch kritzelnden Hand als der Wirklichkeit zugetraut hätte. Wir wissen es: Es scheint bizarrer Zufall und gehorcht doch den Gesetzen der Lichtbrechung und der Wellenbewegung, wenn da onduliert erscheint, was gerade zu sein hätte, wenn Reflexe und Spiegelungen sich zu Mustern ordnen, die nur für einen Sekundenbruchteil genau so wären, wenn nicht der Fotoapparat das Unbeständige festhielte. Fast unglaublich, was da an abstrakten Impressionen, an malerischen Sensationen in der amphibischen Welt des überwachsenen oder bebauten Seeufers zu finden ist – wenn einer das Auge dafür hat und mit der nötigen Geduld und Hartnäckigkeit auch immer wieder hingeht und hinschaut, bei wechselndem Licht, bei änderndem Wetter, zu verschiedenen Jahreszeiten. Auch in der knappen, zum Bildessay verdichteten Auswahl vermittelt dieses fotografische Inventar von Uferpflanzen und Bootshäusern, von farbigen Kähnen und vermodernden Stegen, von Wasserflächenspielen und Lichtreflexen eine intensive Ahnung von der Poesie dieser Landschaft. Das Optische ist eindringlich genug. Wer den See kennt, dem wird die Synästhesie der Erinnerung die begleitenden Geräusche und Gerüche mitliefern.

Uli Däster

Bootssteg, Aesch, 2008

«Bluematt», Beinwil am See, Sommer 2003

Frühjahr, Beinwil am See, 1995
Sommer, Beinwil am See, 1997
Herbst, Beinwil am See, 2006
Beim Strandbad, Beinwil am See, 2006

Bootshaus, 2006

Blaues Boot, Meisterschwanden, 2001

Holzboot, Meisterschwanden, 2000

Abend im Bootshaus, Meisterschwanden, 2001

Seerose, Beinwil am See, 2006

Seerosenblatt, Beinwil am See, 2004

Nachmittag im September, Seengen, 2006

Bootshaus, Beinwil am See, 2004

Blick nach Süden, Seengen, 1999

Aesch, 1995
Seengen, 2007
Mosen, 2004
Aesch, 1995

Bootshaus, Meisterschwanden, 1995

Umkleidekabine «Rügelbad», Seengen, 1995

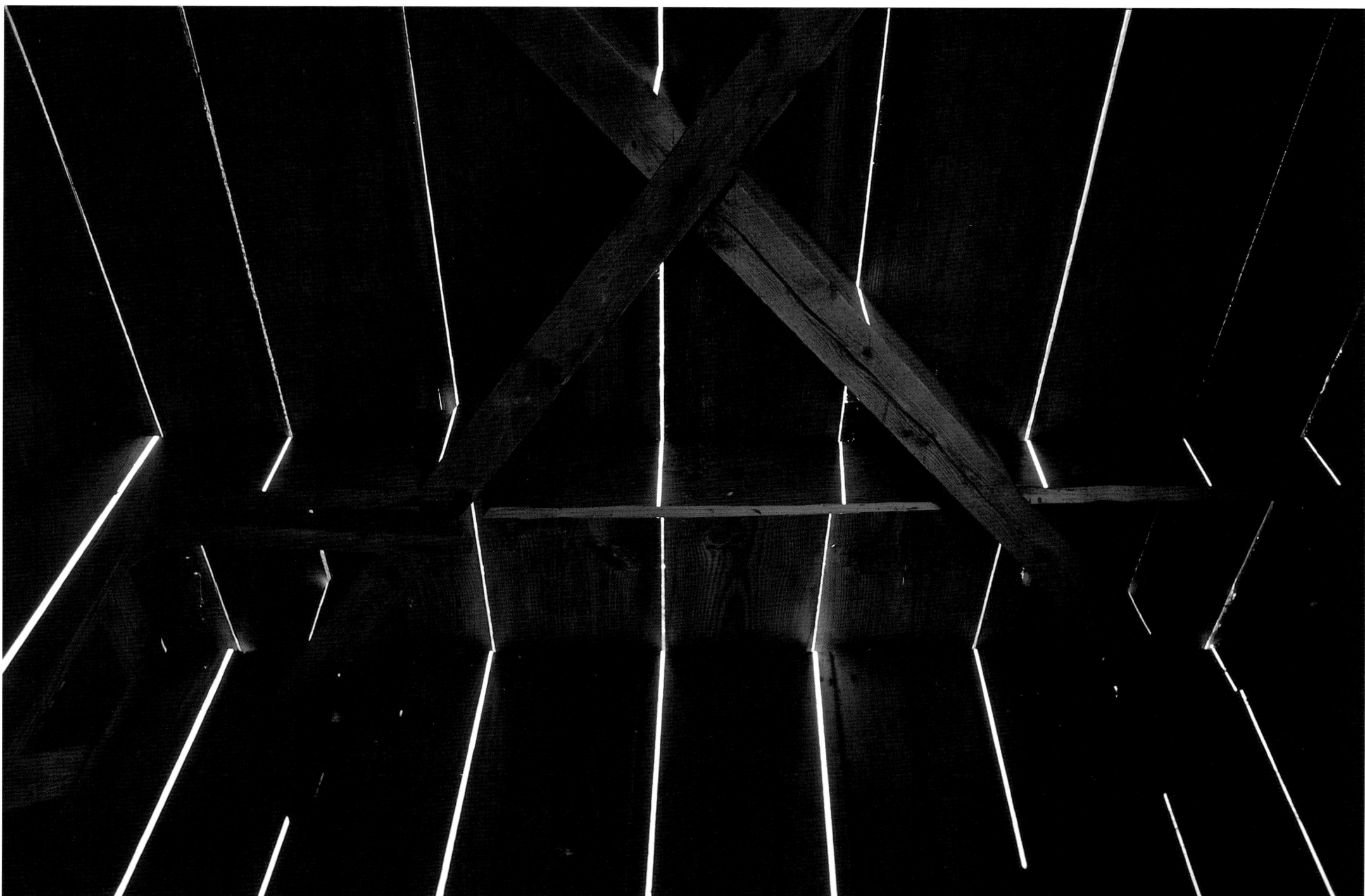

Männerbad, Seengen, 1995

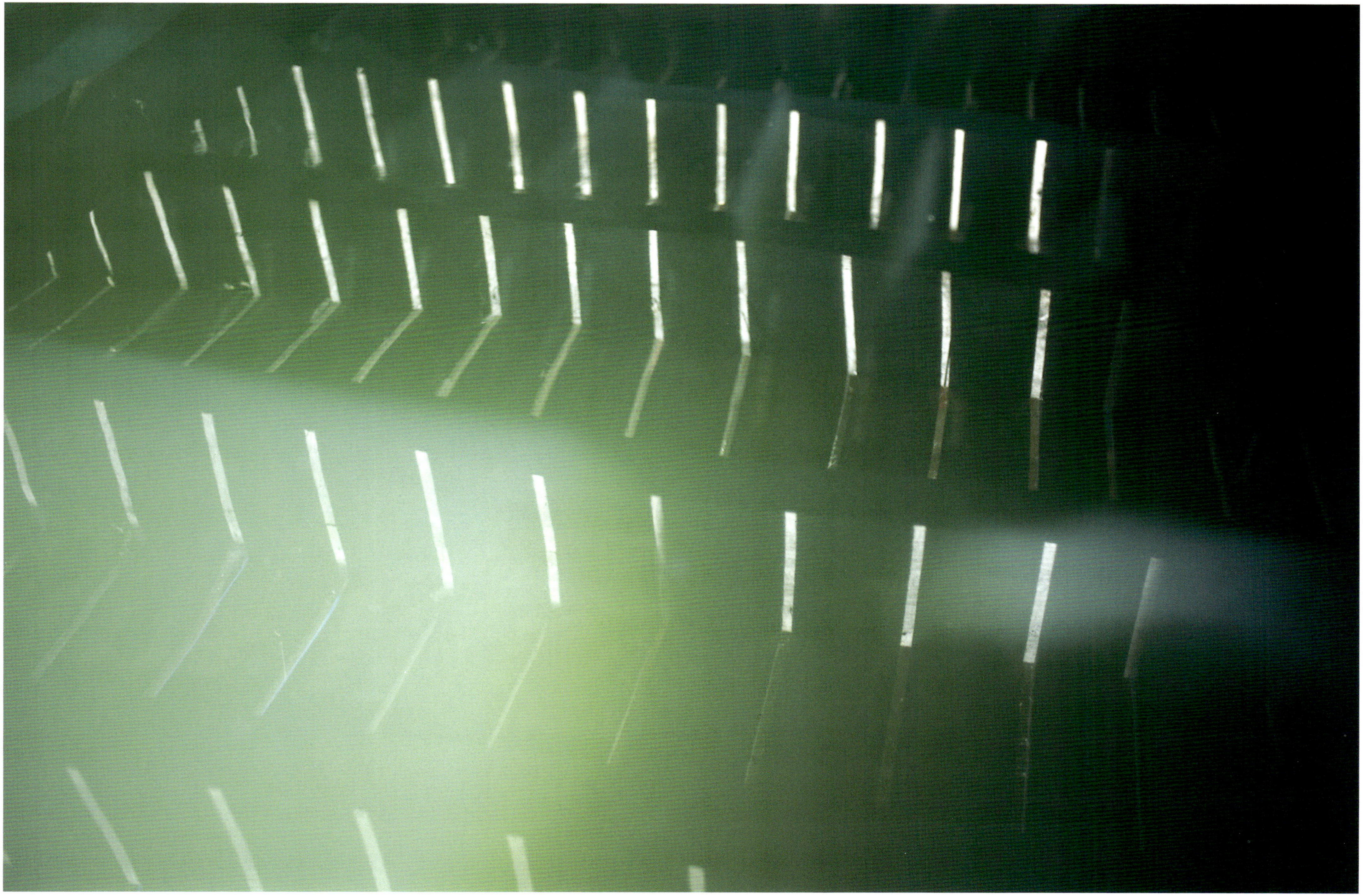

Bootshaus, Meisterschwanden, 2003 und 2000

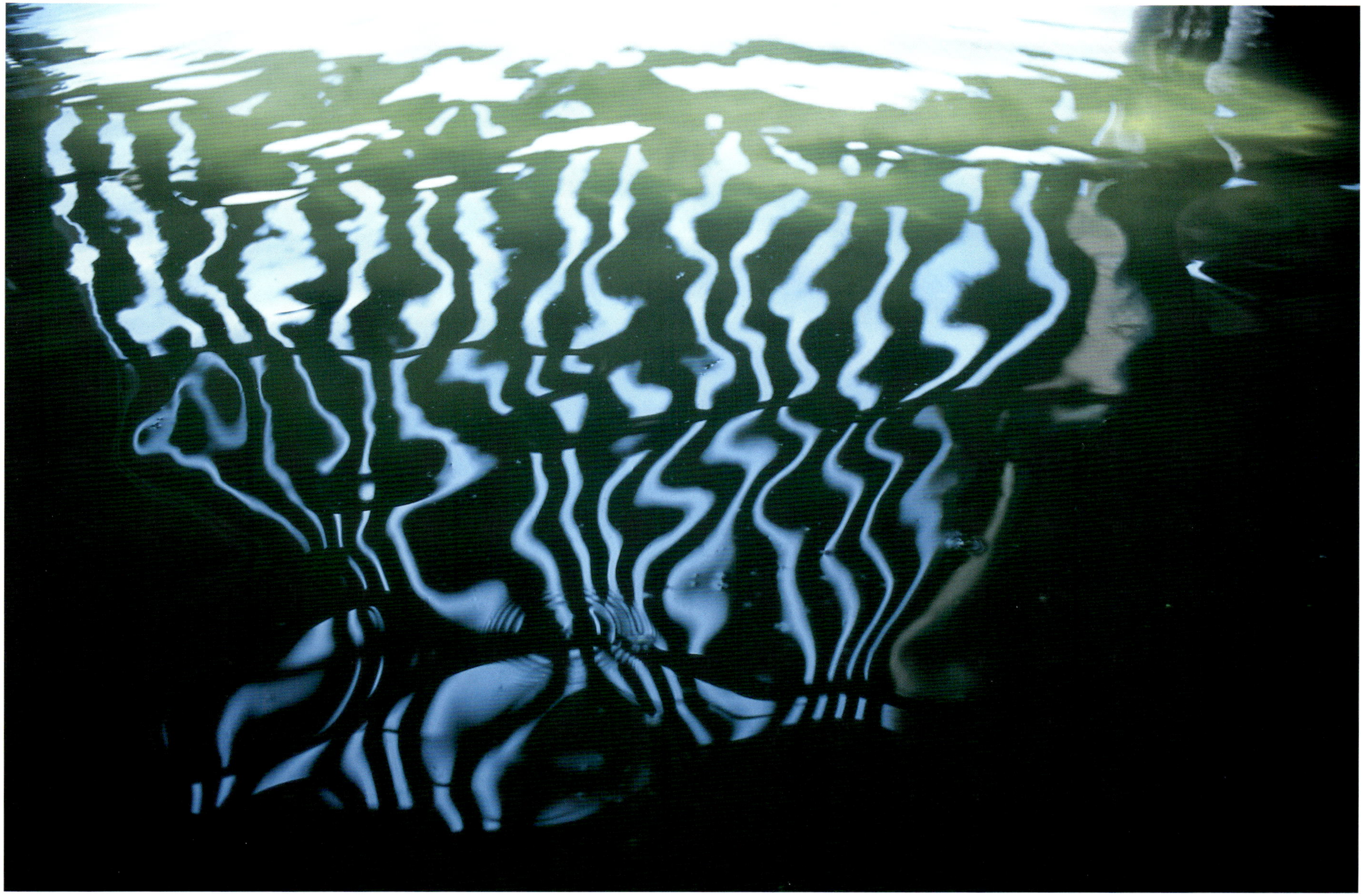

Boothaus, Beinwil am See, Sommer 2006

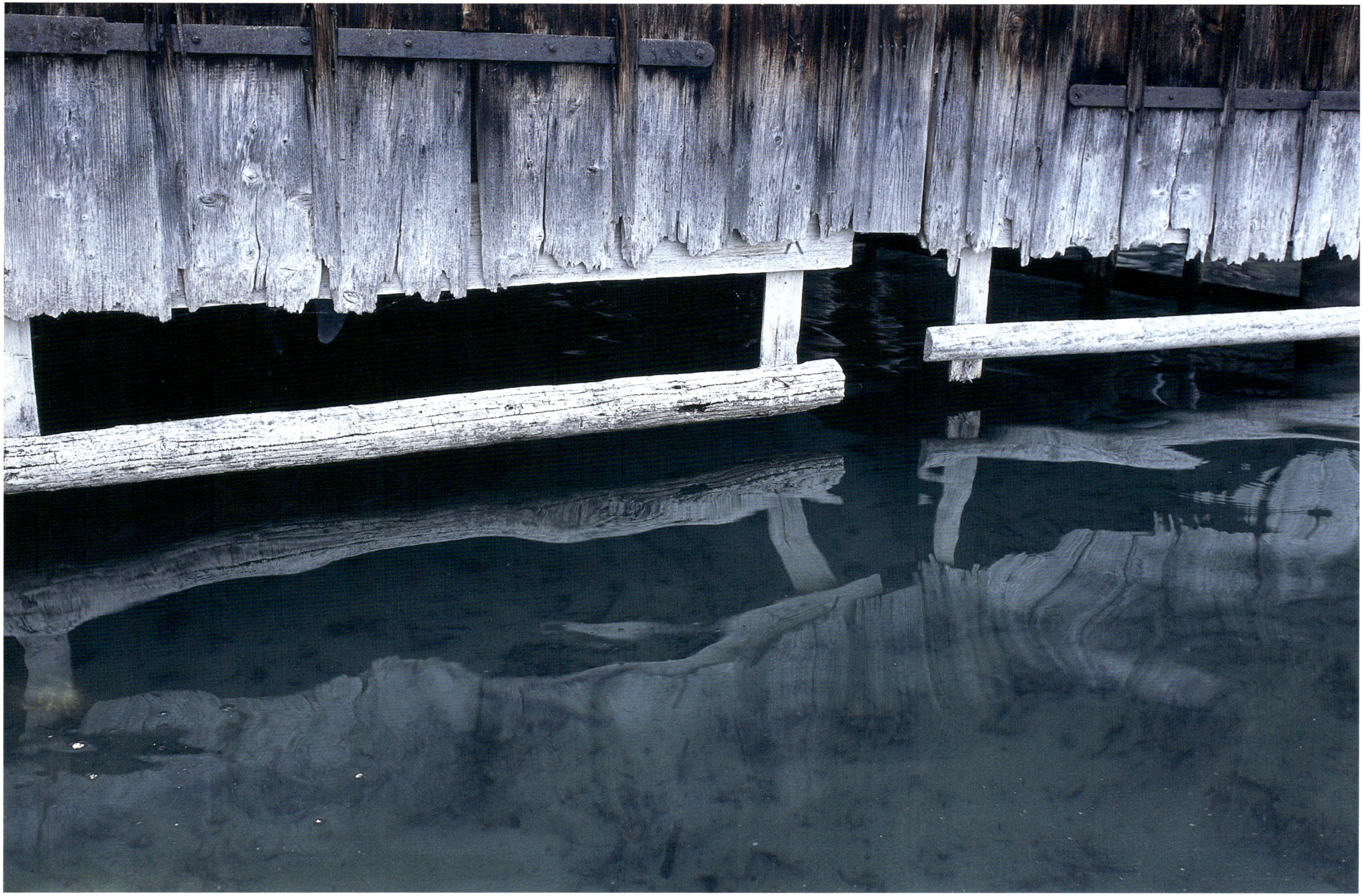

«Land unter», Brestenberg, Winter 1999

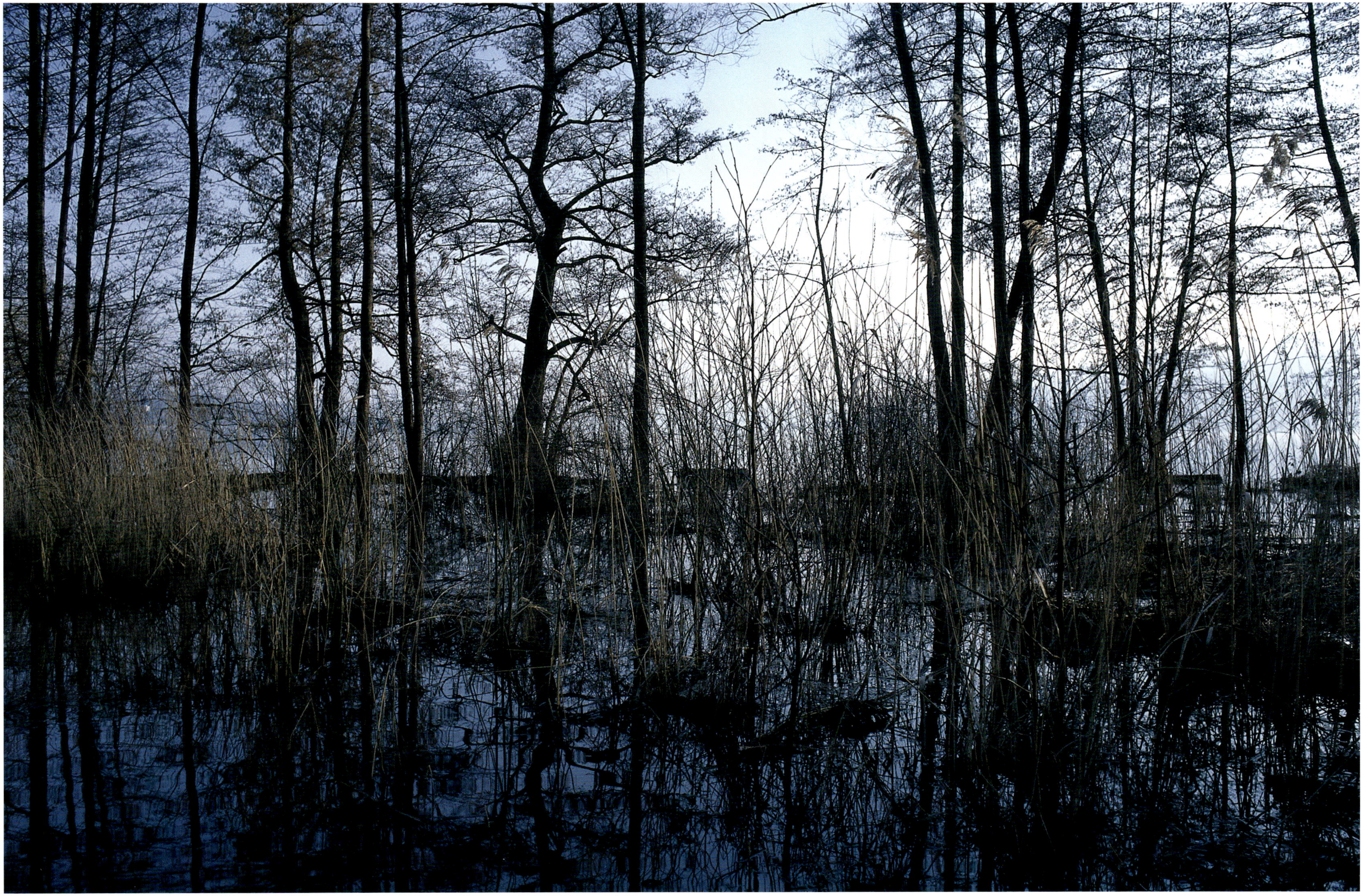

Seengen, Winter 2008

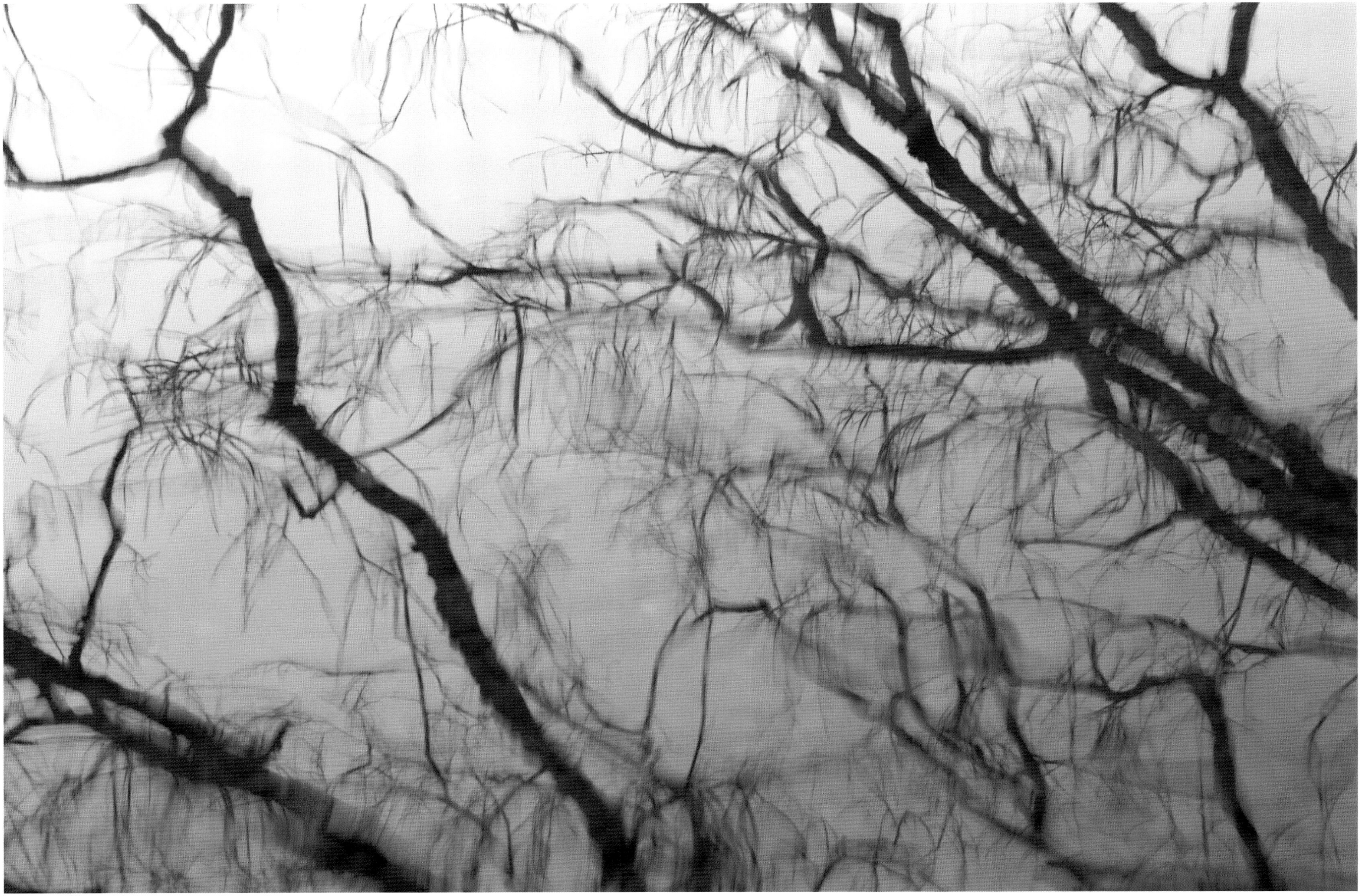

Steg zum Bootshaus, Beinwil am See, 1995
Ein vergessenes Boot, Aesch, 1995

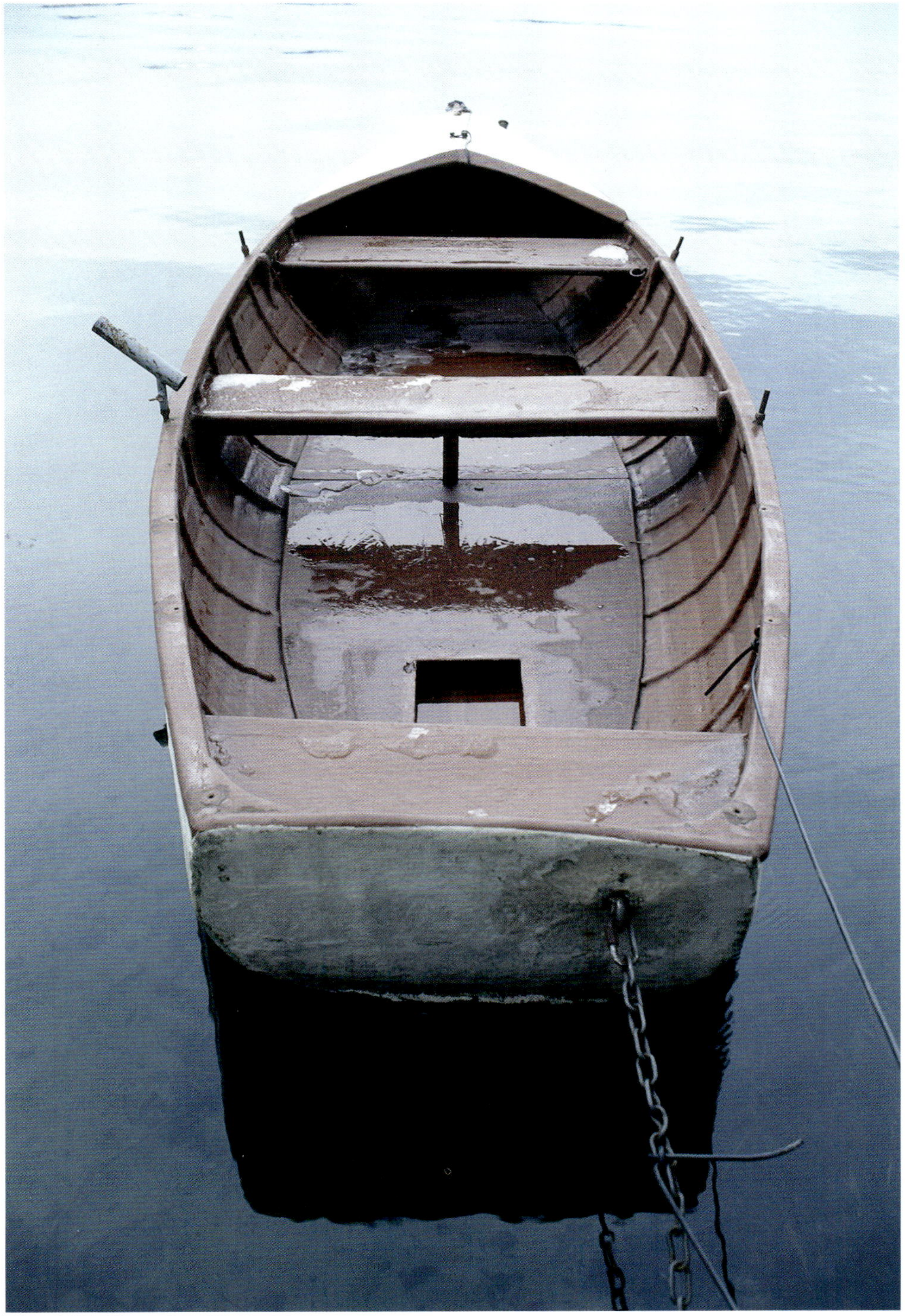

Bootshaus, Beinwil am See, Sommer 2004

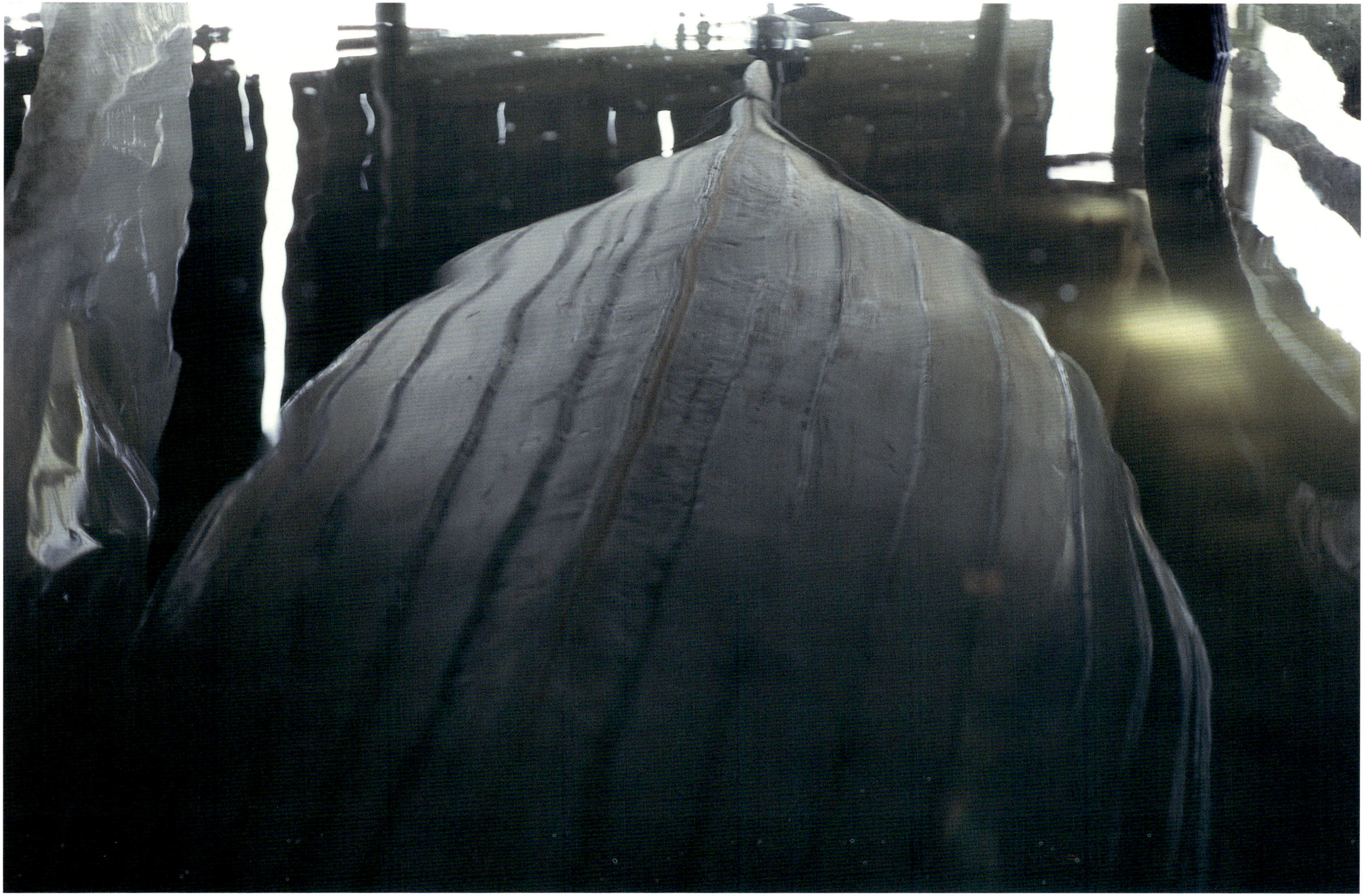

«Fischers» Holzboot, Meisterschwanden 2008

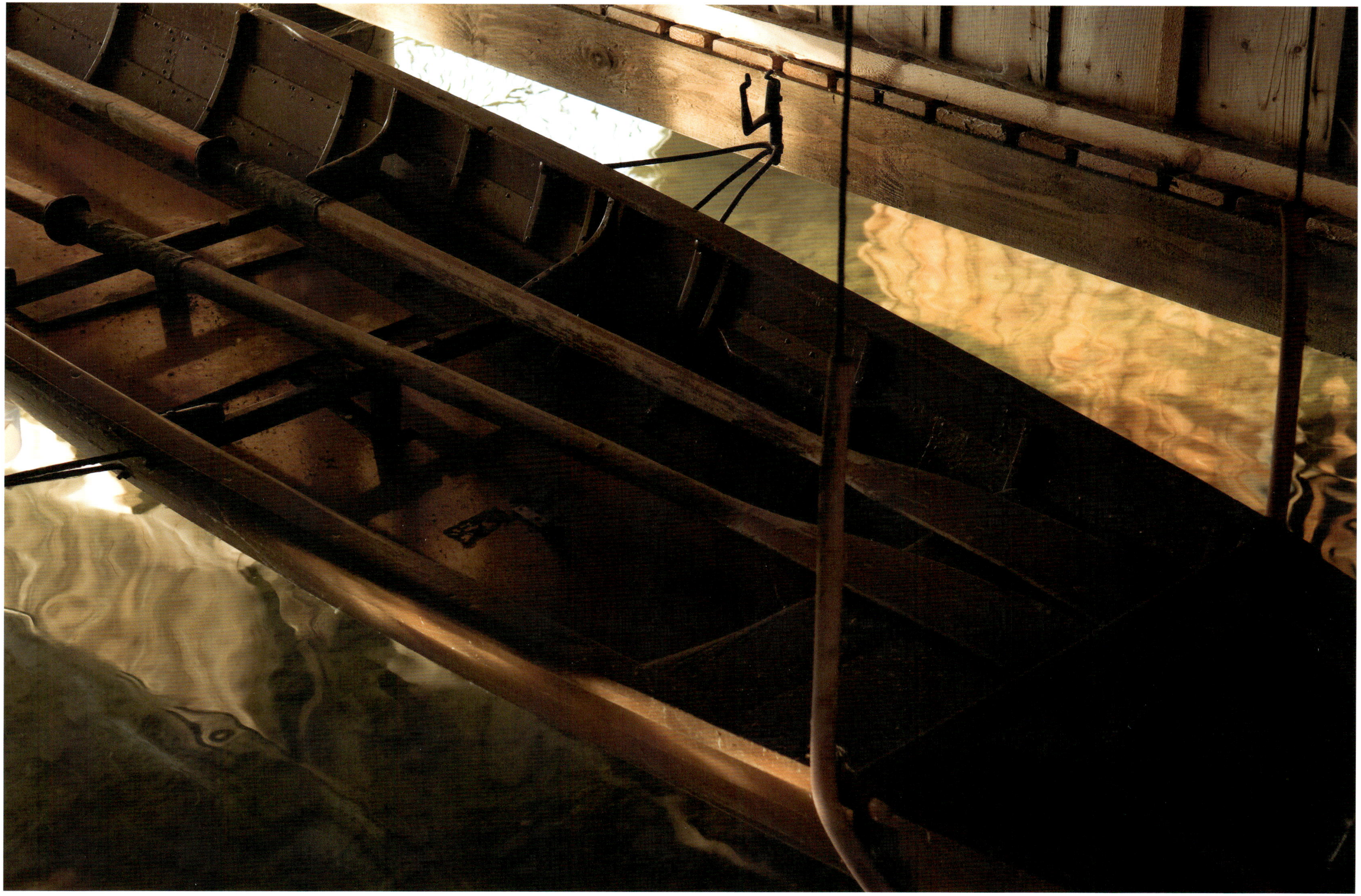

Bootshäuser, Meisterschwanden, 2008

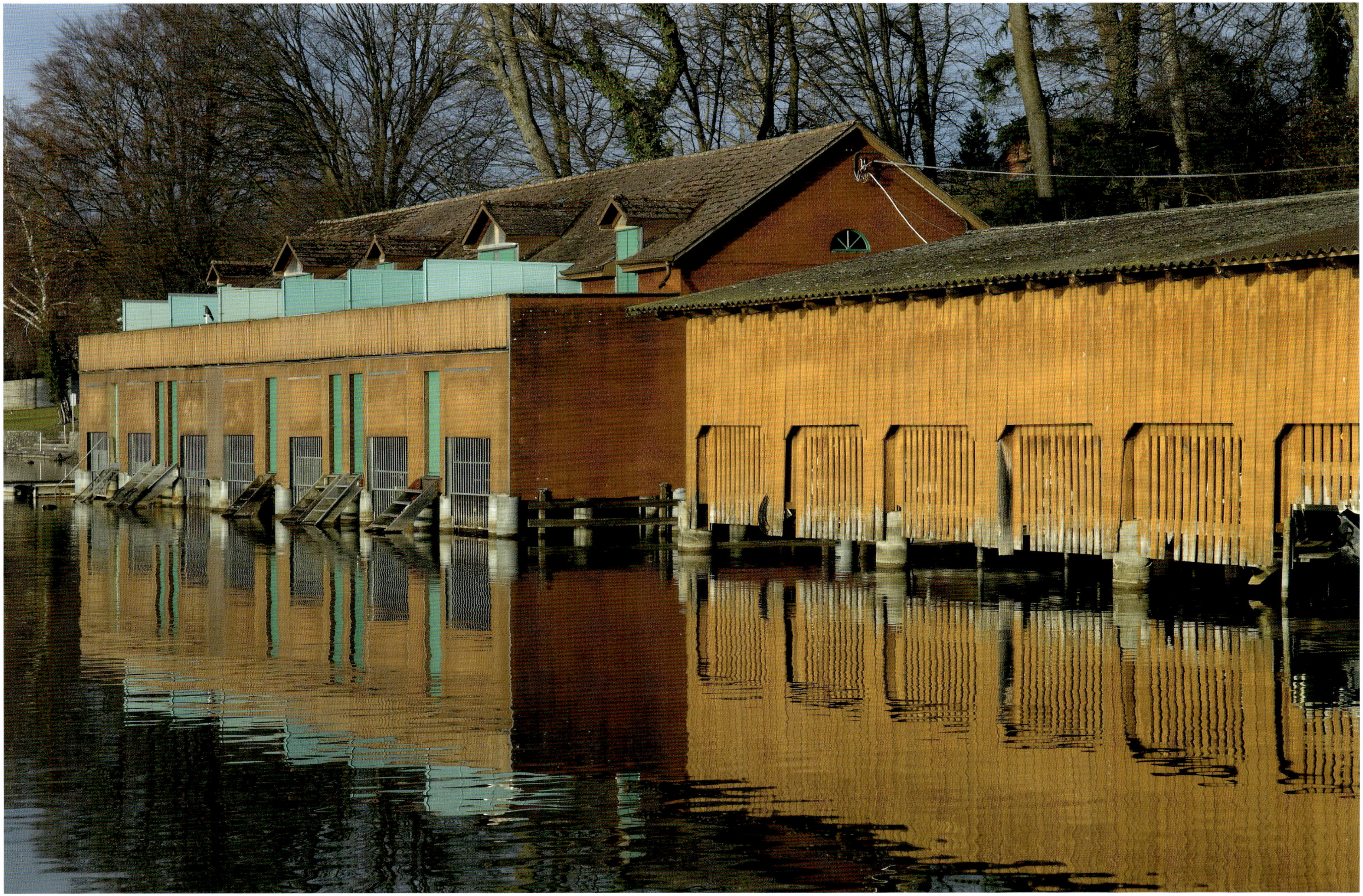

Männerbad, Seengen, 1997
Frauenbad, Seengen, 1997

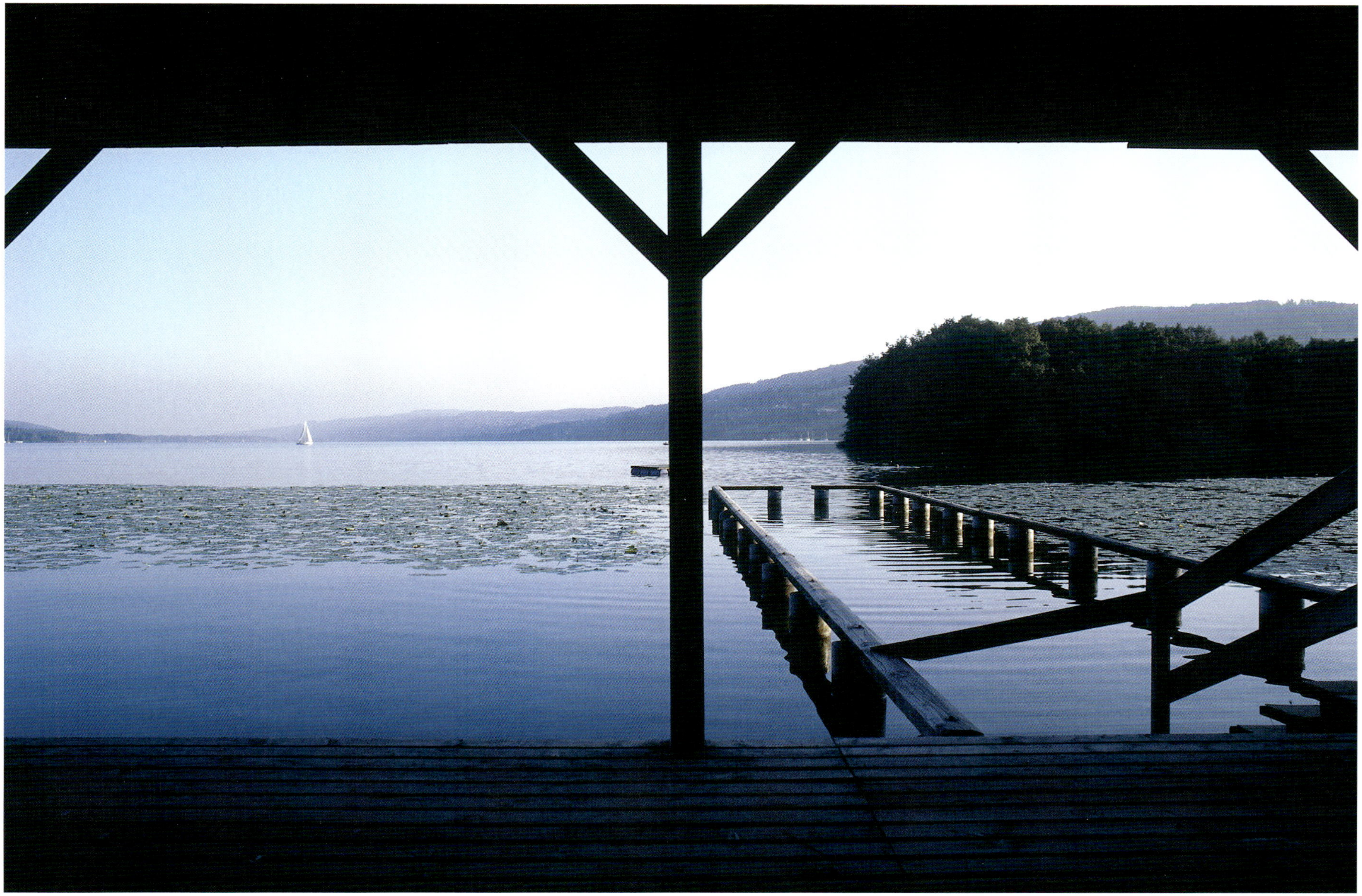

Holztreppe Männerbad, Seengen, 1999

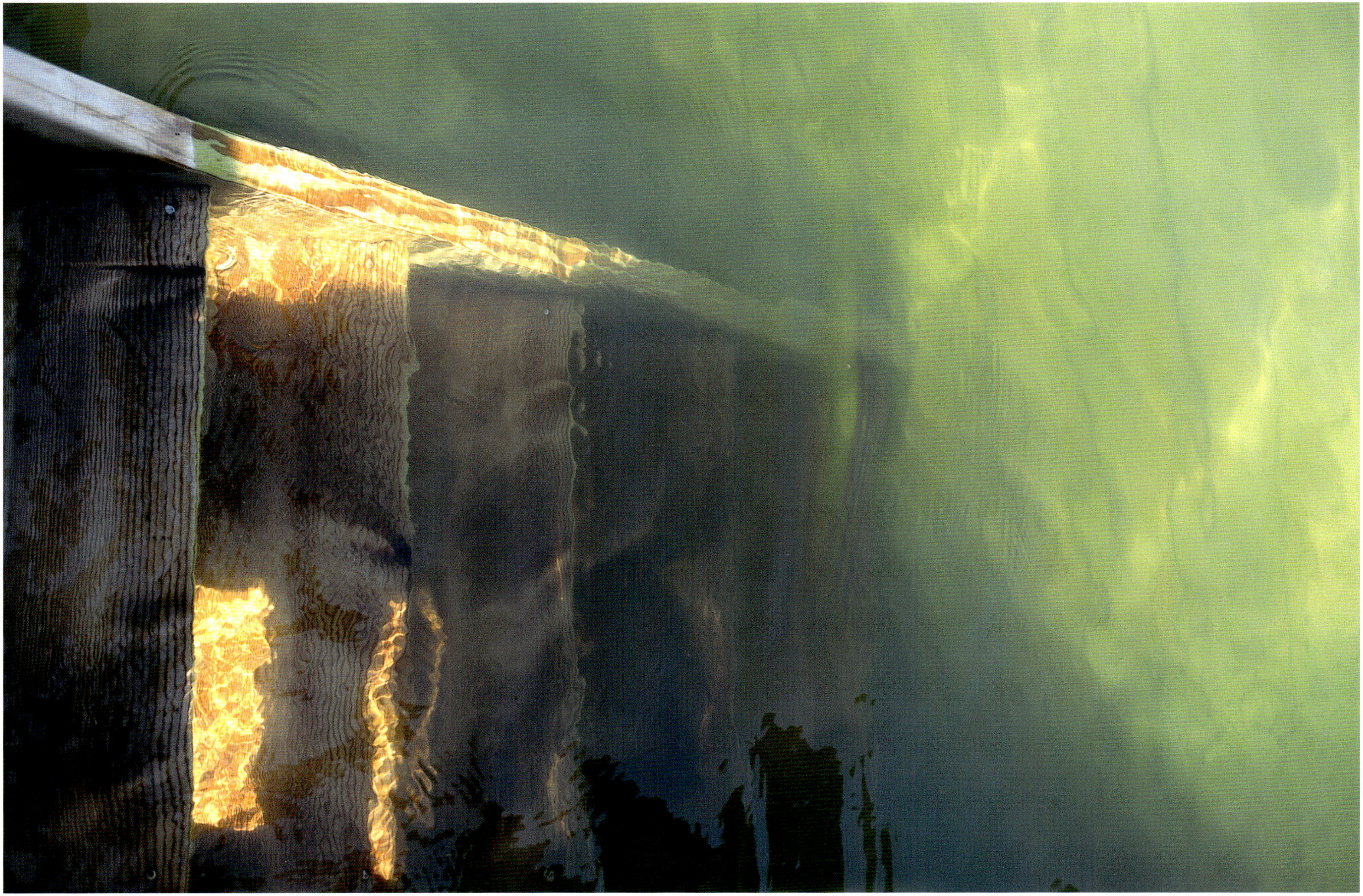

Meisterschwanden, Frühsommer 2000

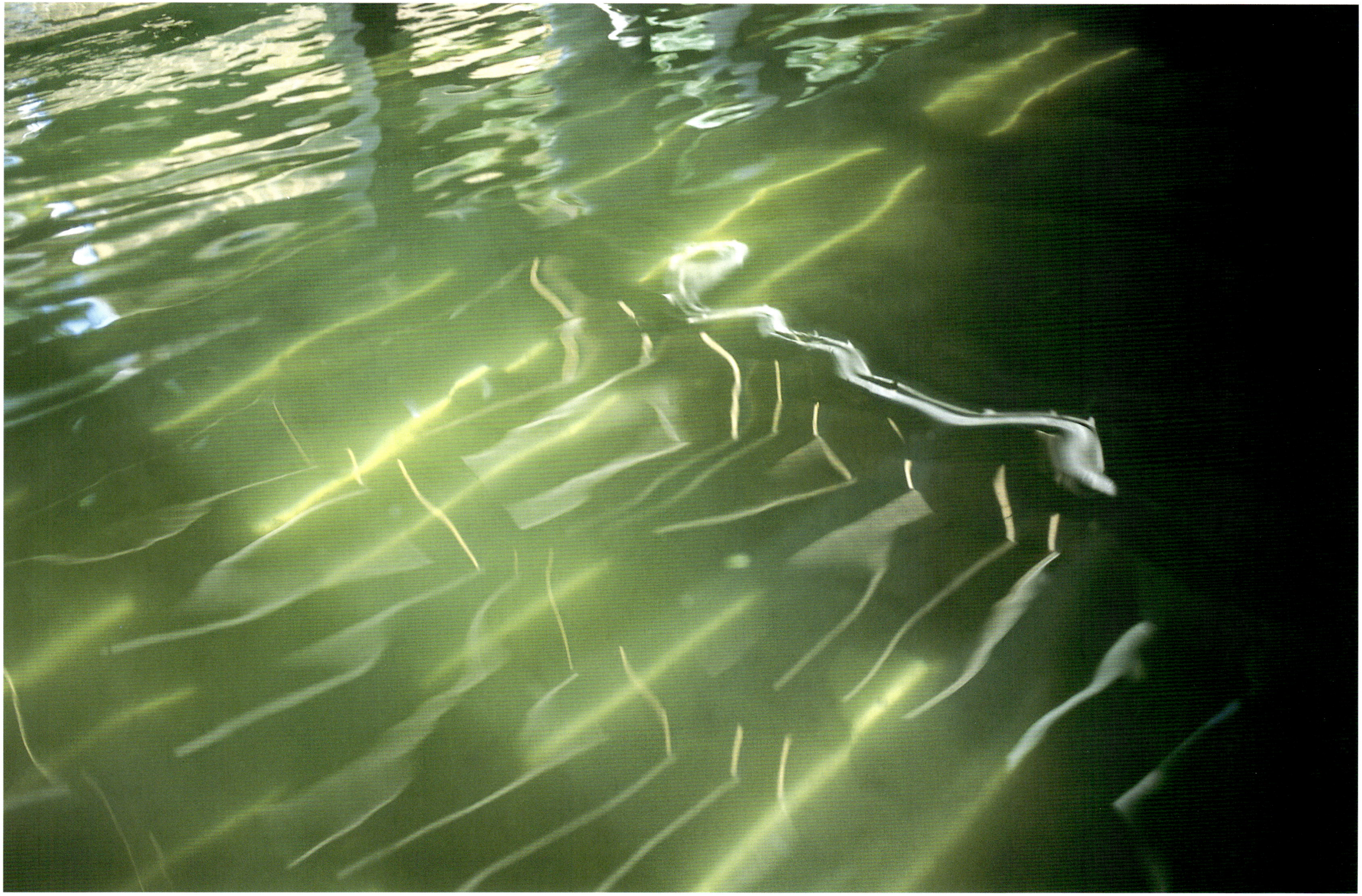

Seengen, Sommer 2003

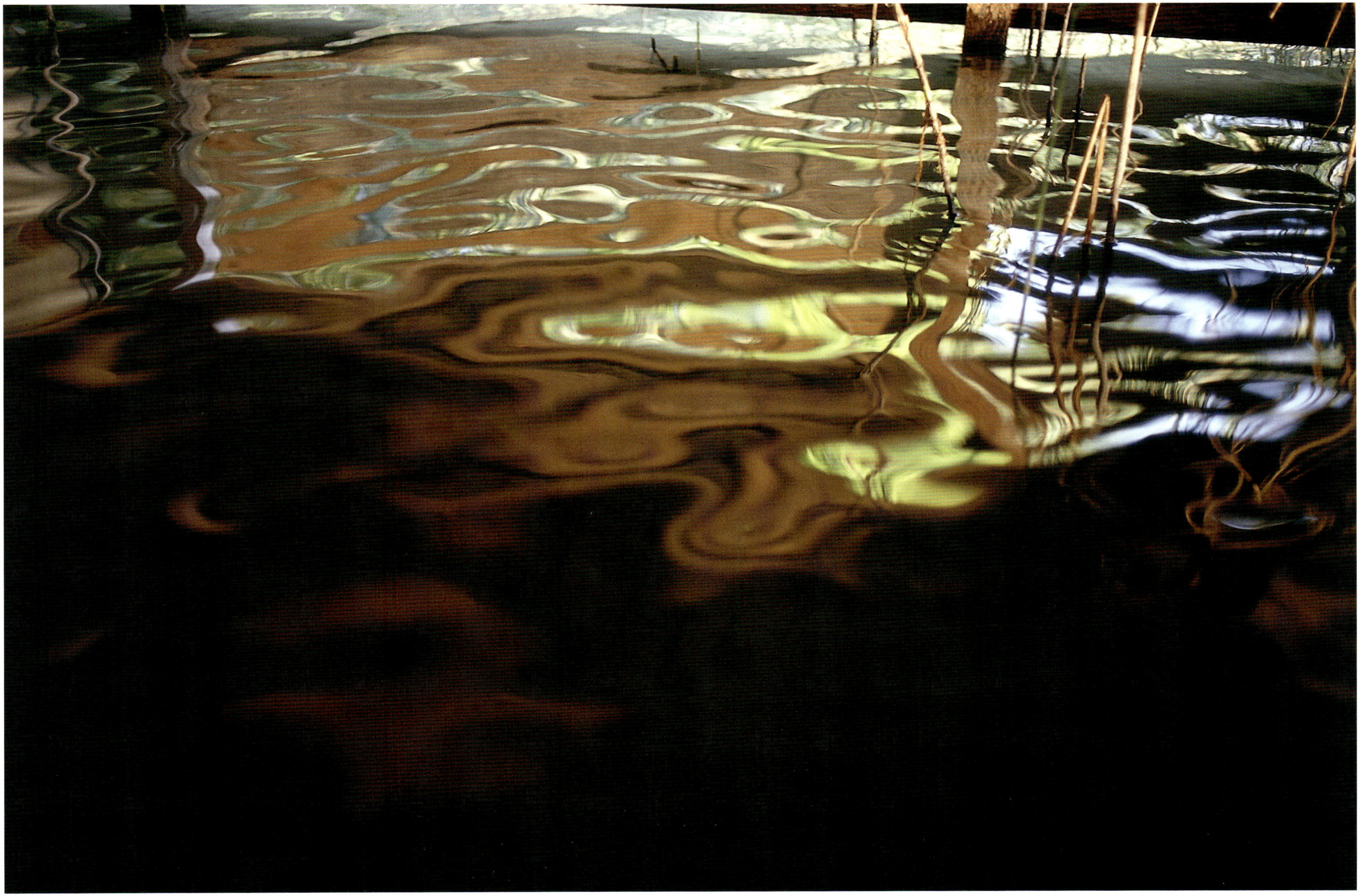

Meisterschwanden, Sommer 2001

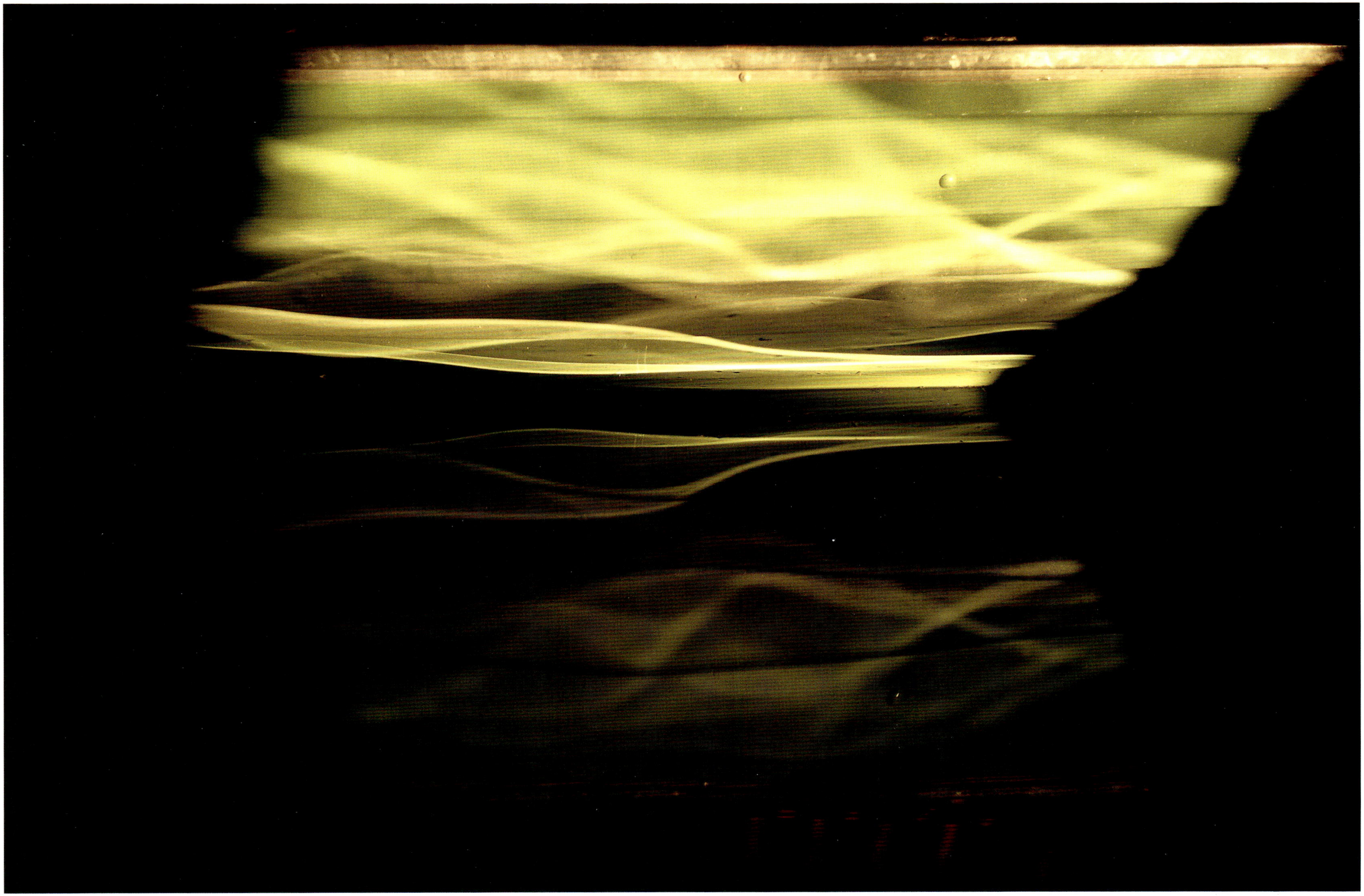

Meisterschwanden, Sommer 2003 und 2002

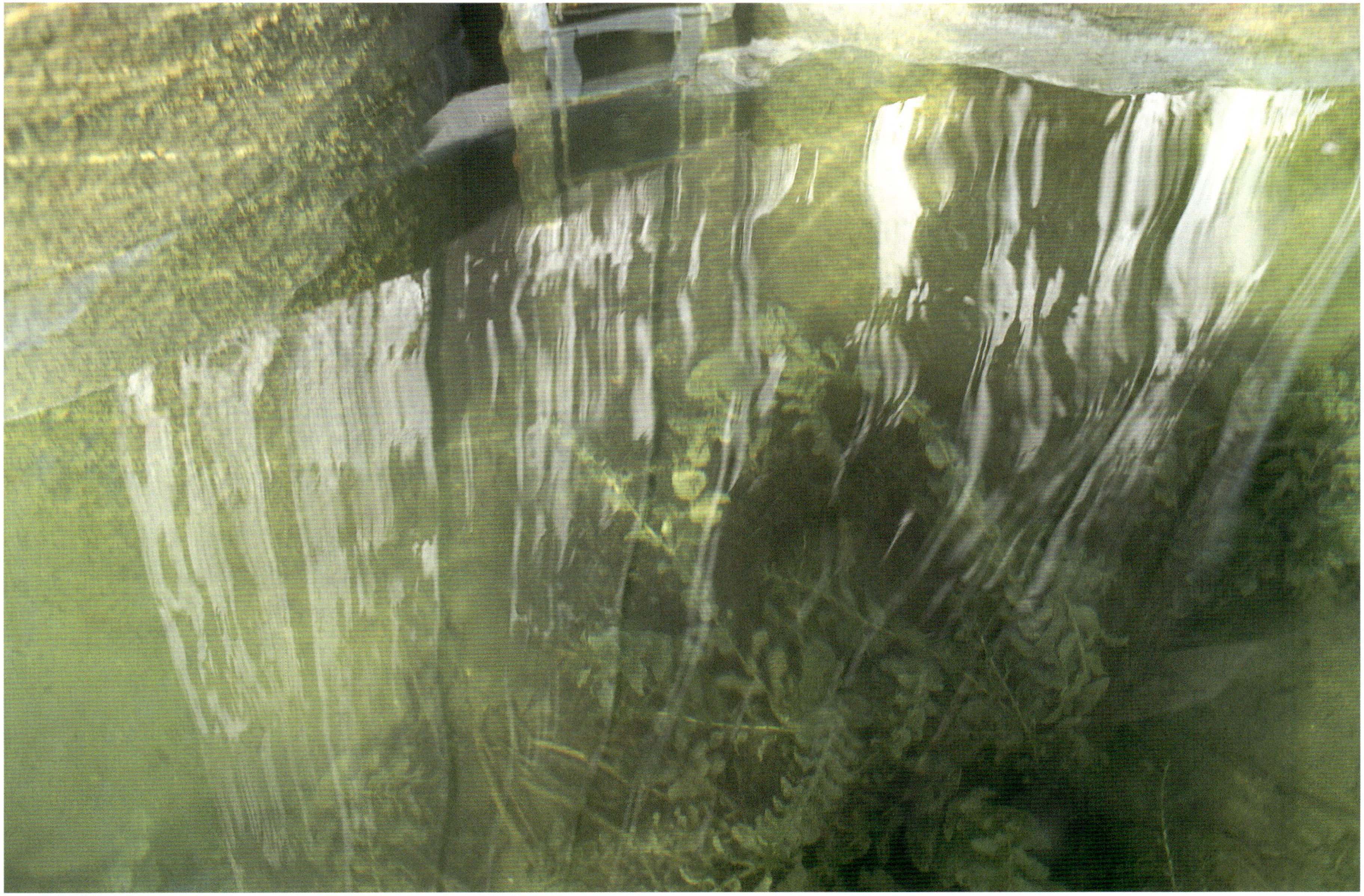

Irgendwo, 2006

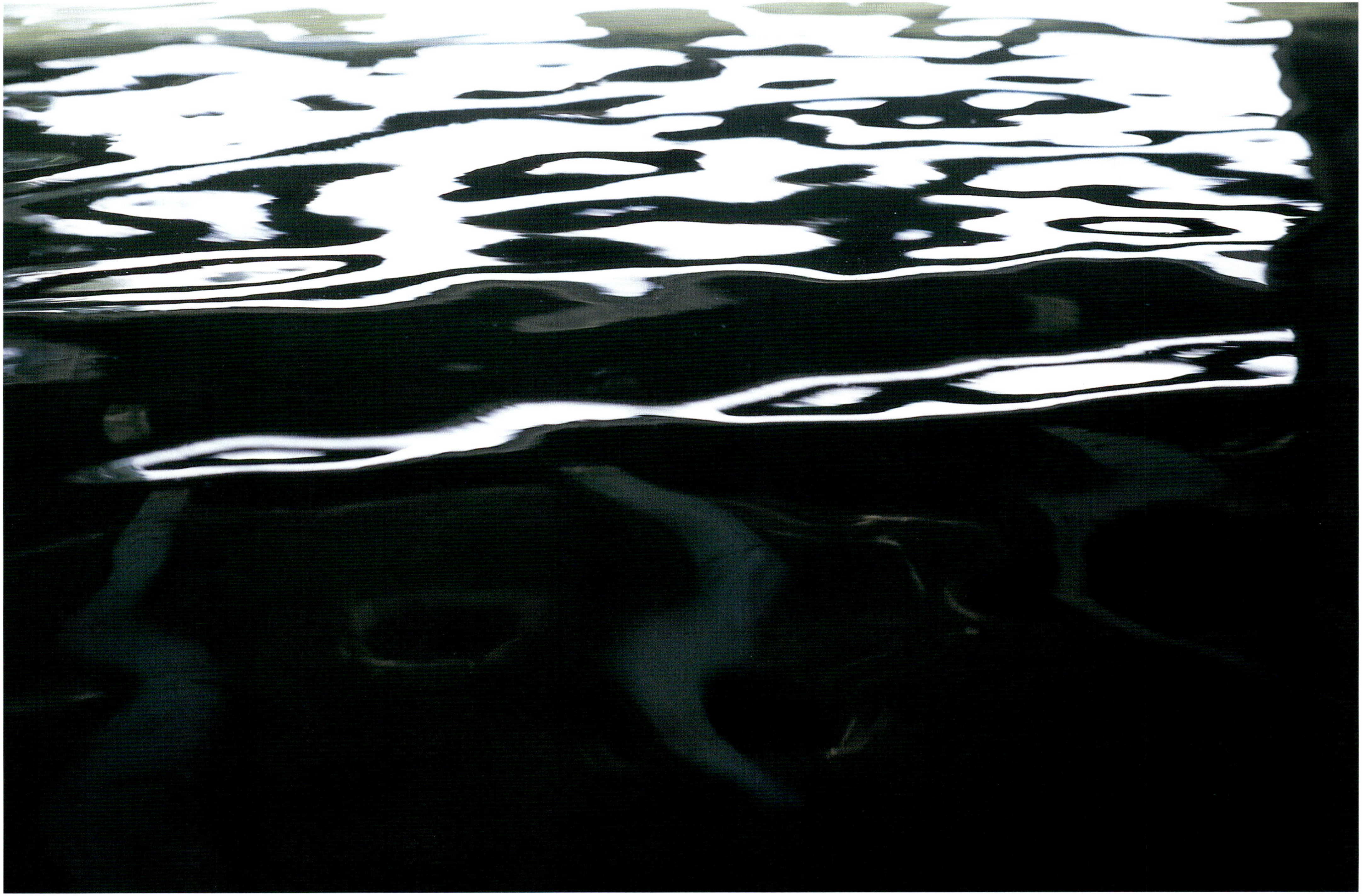

«Rüteren», Meisterschwanden, 2001

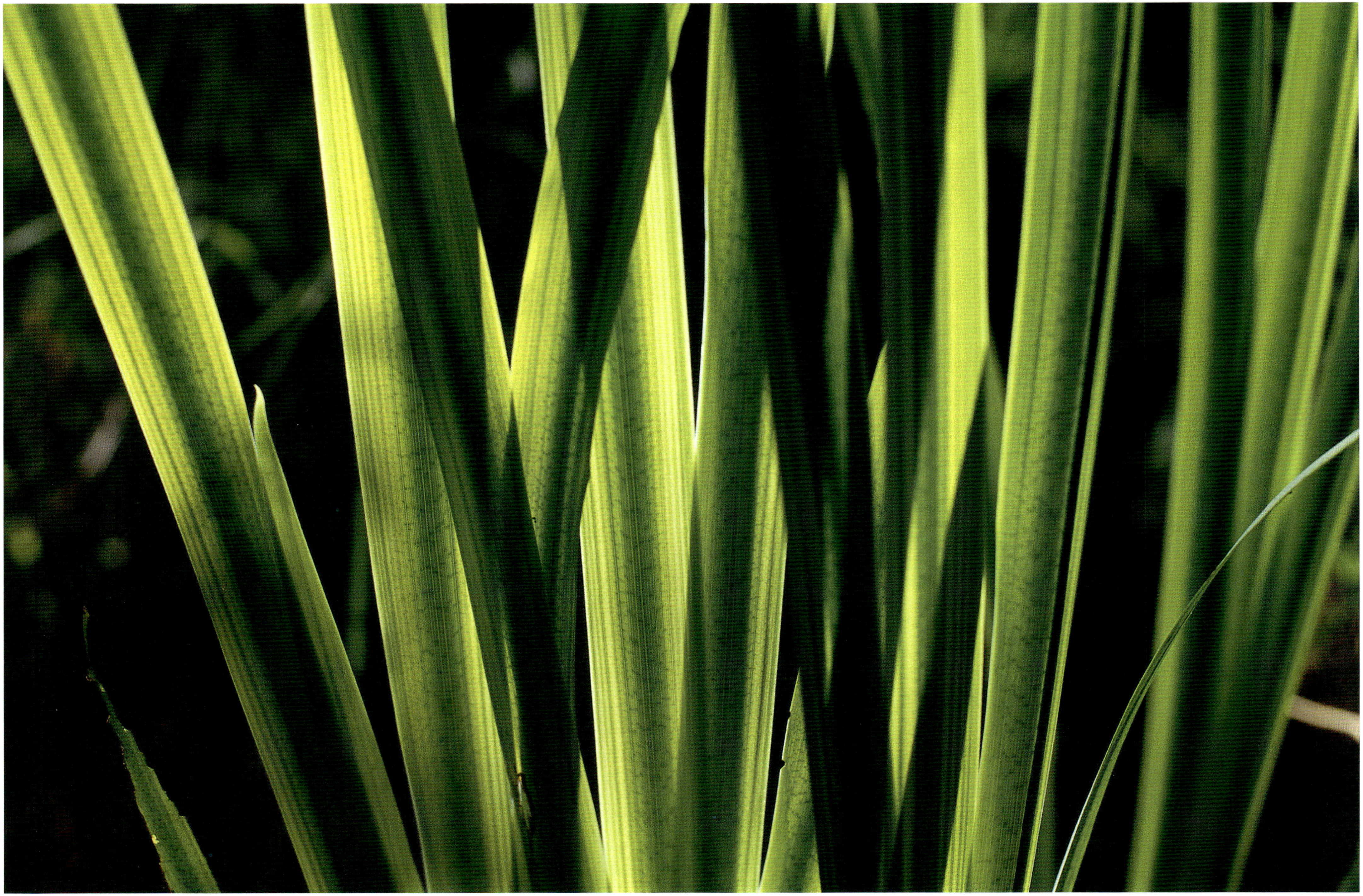

«Erlenhölzli», Meisterschwanden 2003
«Im Schilf», Mosen 2004

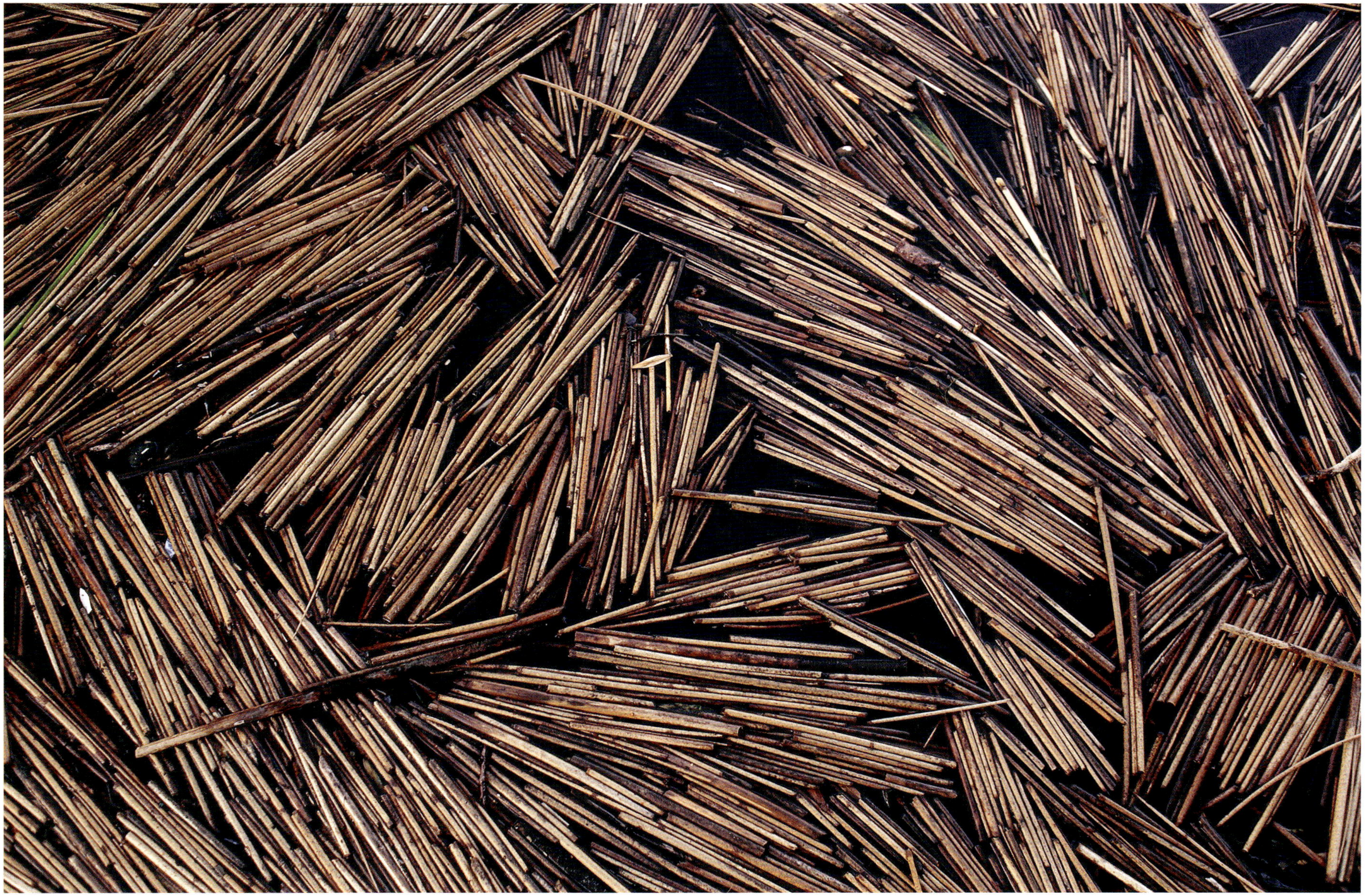

«Ägelmoos», Beinwil am See, Sommer 2006

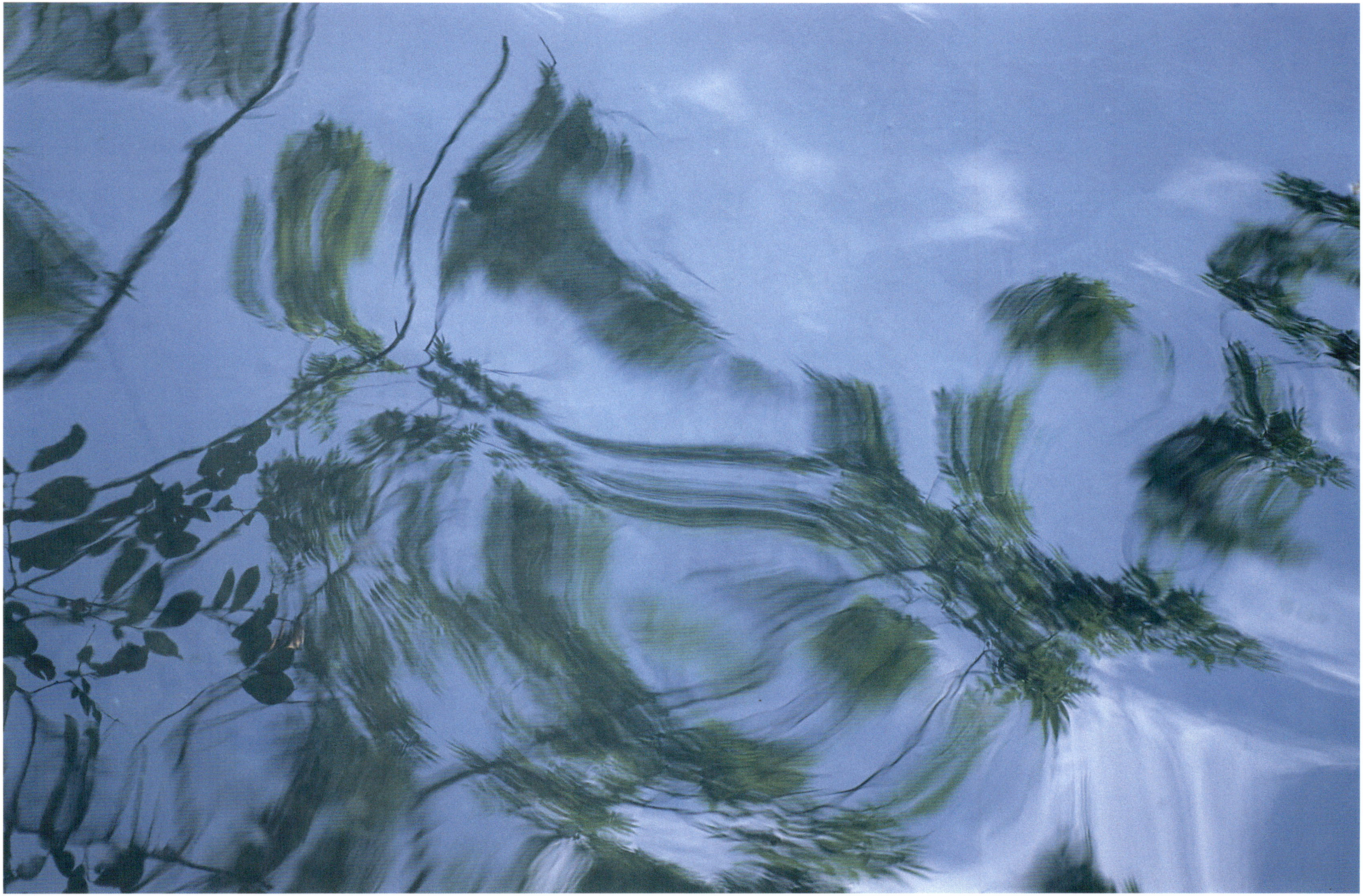

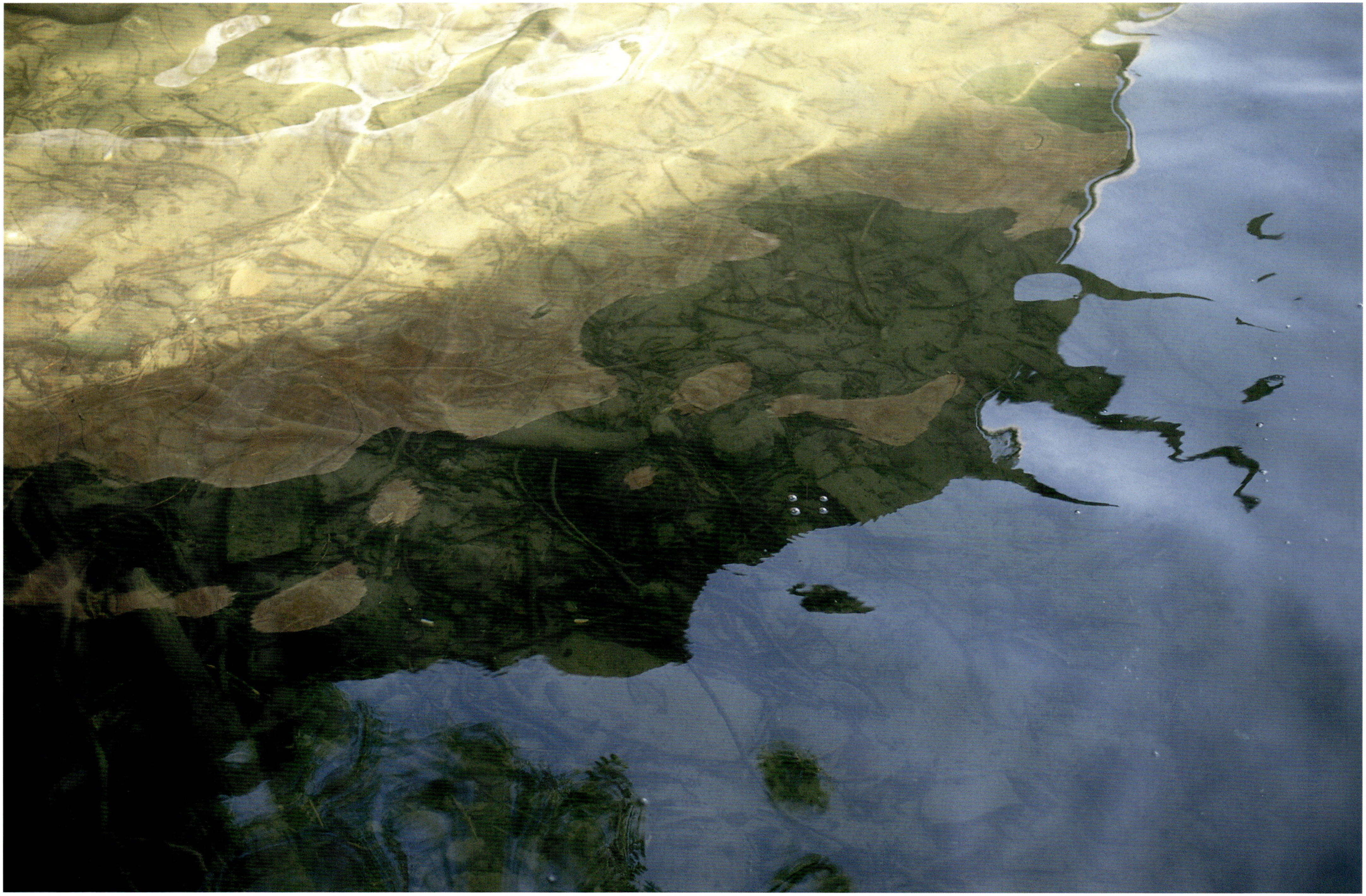

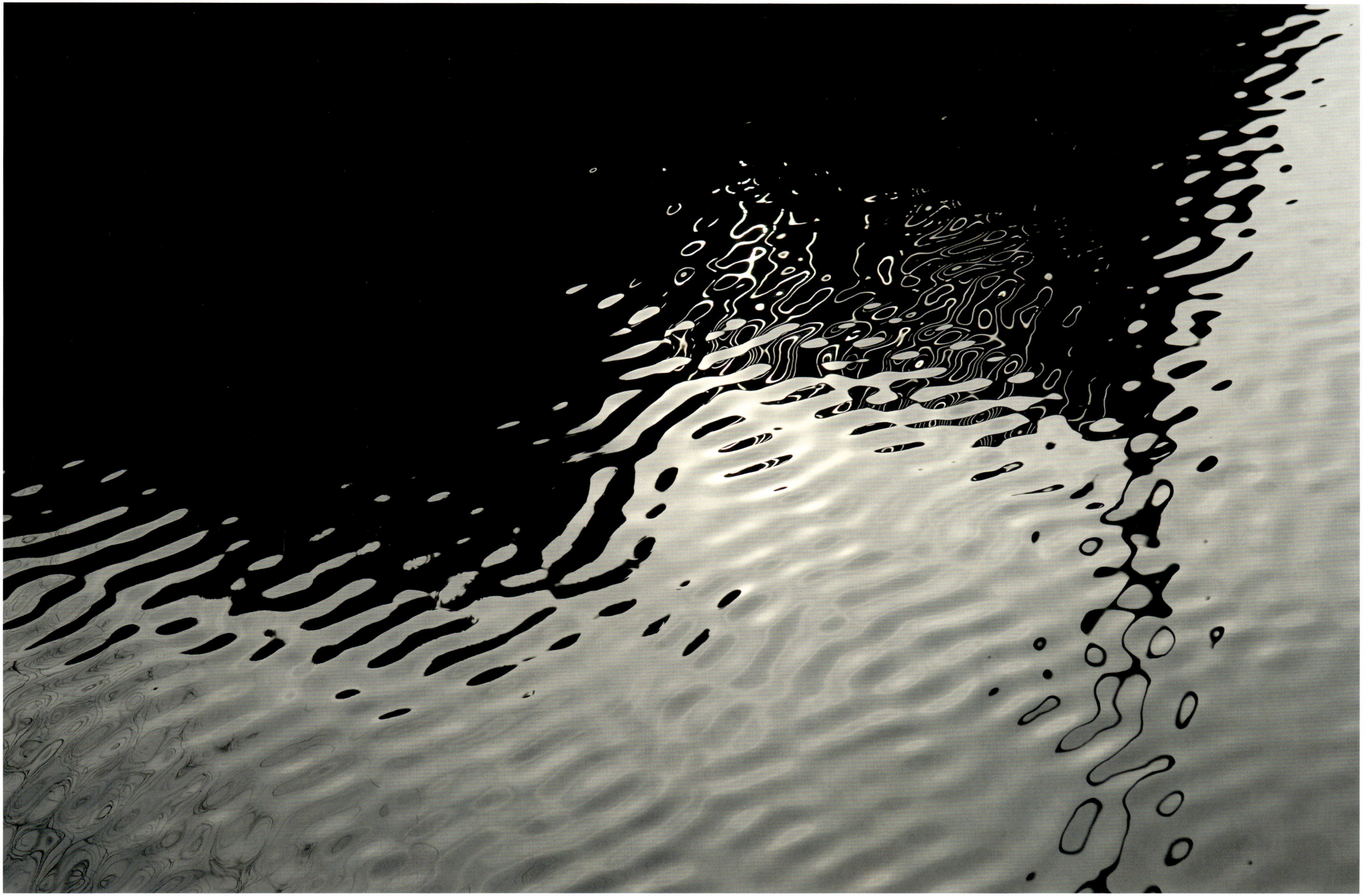

Haltestelle «Delphin», Meisterschwanden, 2008

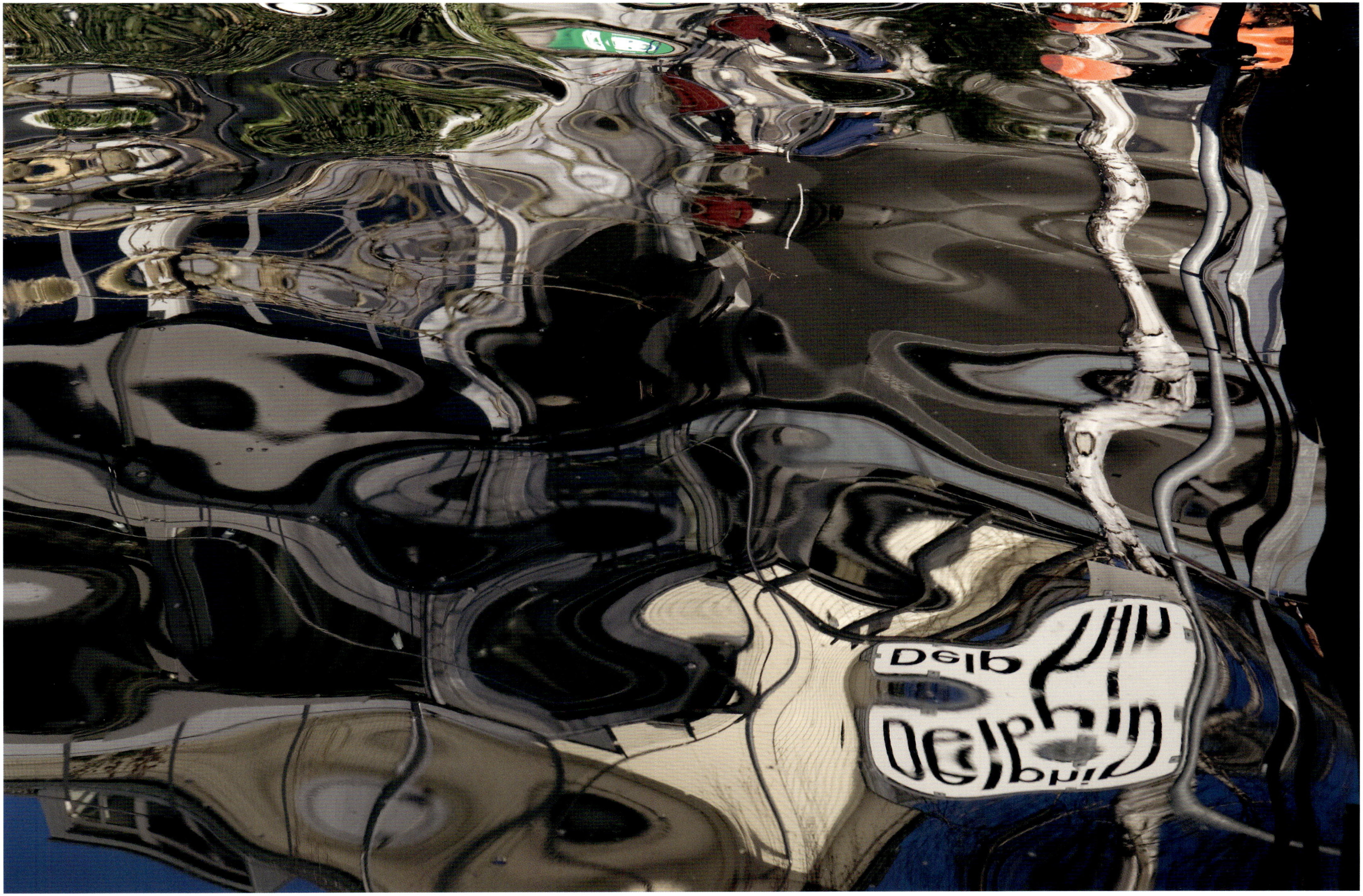

Bootshaus, Brestenberg, Seengen, 1994

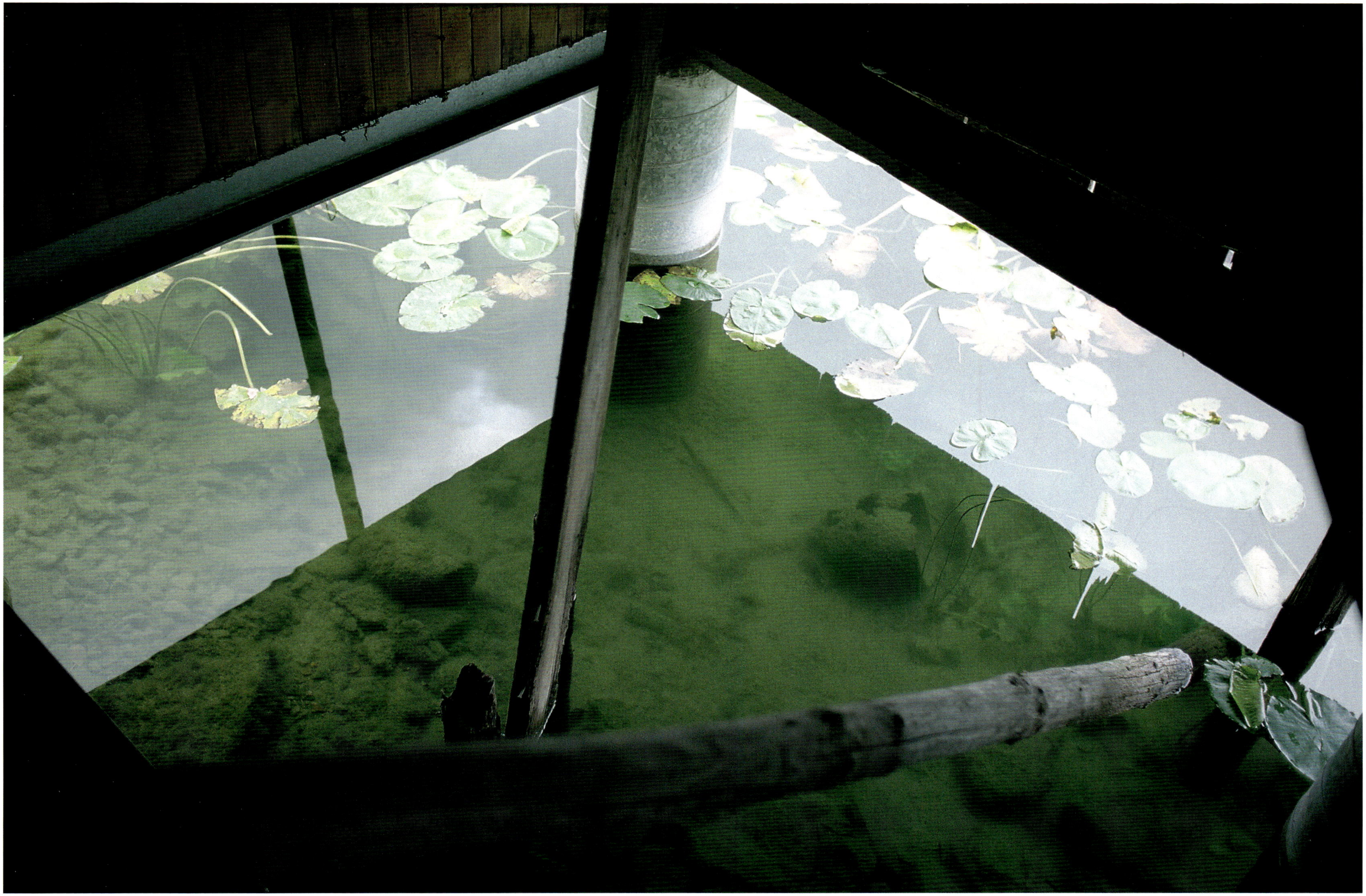

Brestenberg, September, 1994

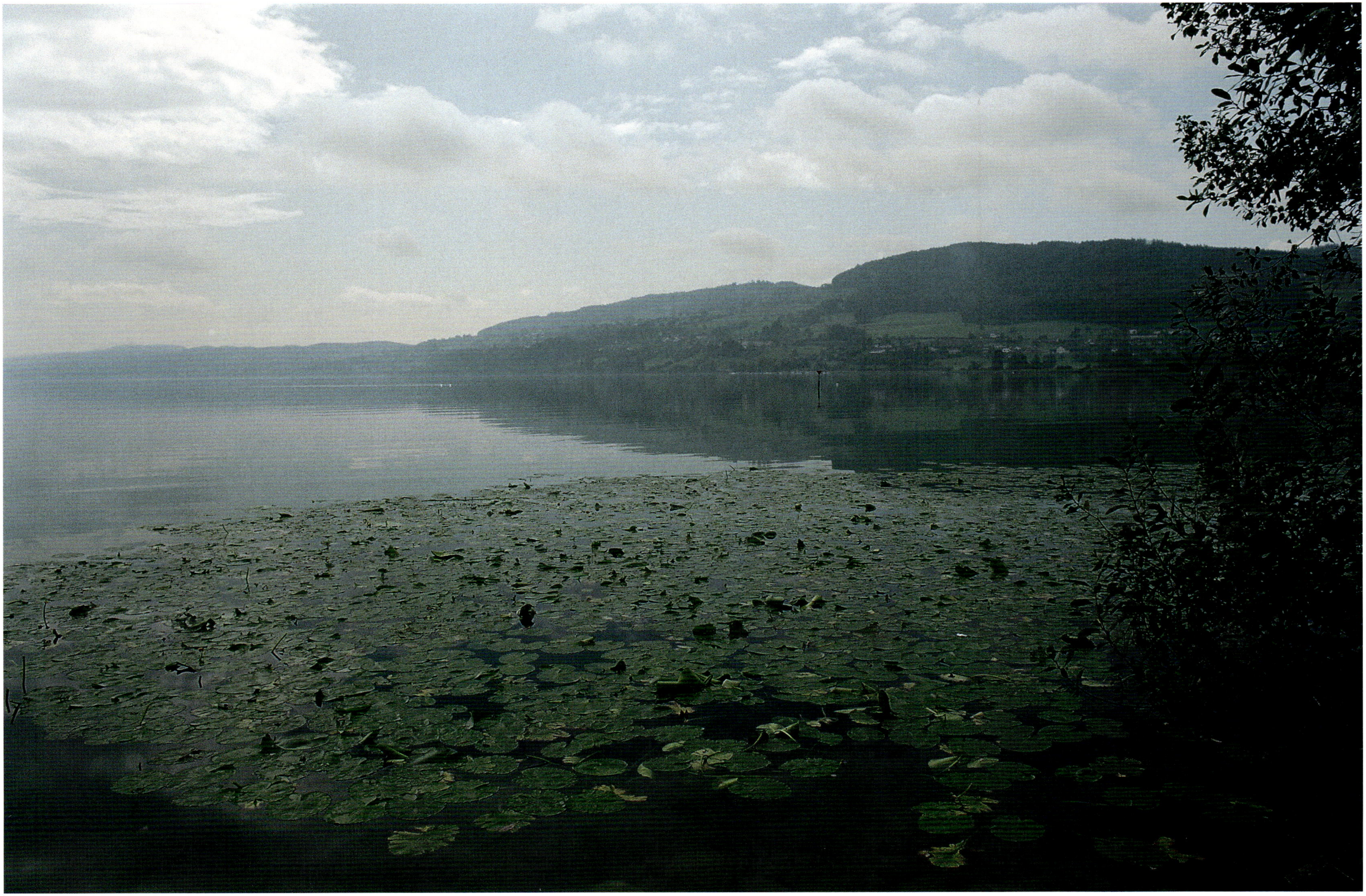

Seebuch

Viele von uns verbinden einmalige Erinnerungen an den Hallwilersee: Dämmerungen, gleissendes Sonnenlicht, Boote, Ruhe, Bewegung, Kleinode am Wasser. Auch den Beinwiler Künstler David Zehnder hat der Hallwilersee nicht mehr losgelassen. Während 14 Jahren hat er unzählige Orte am See immer wieder aufgesucht und auf ungewohnte Weise mit seiner Kamera festgehalten. Über die Jahre hinweg sind so Tausende von Fotografien entstanden.

50 ausgewählte Aufnahmen, eingeführt durch einen Text von Uli Däster, werden im vorliegenden **Seebuch** der Öffentlichkeit zugänglich gemacht. Ermöglicht wurde dieses Werk durch Spenden von Frauen und Männern, die eines verbindet: Die Liebe zu einem Stück Aargau, das Weite und Grosszügigkeit ausdrückt, zu einer Aargauer Landschaft, die immer wieder von neuem überrascht. Das **Seebuch** von David Zehnder ist eine verdiente Hommage an unseren Hallwilersee.

Aarau, im Mai 2008

Urs Hofmann

David Zehnder, geb. 1952 in Como
Lebt und arbeitet in Beinwil am See

1968–1972 Lehre als Hochbauzeichner

1975–1977 Kunstgewerbeschule Zürich und autodidaktische Weiterbildung

1979/1997 Förder- und Werkbeiträge des Kuratoriums des Kantons Aargaus

1979–1980 und 1998 Berlinaufenthalte; weitere Projektbeiträge von öffentlicher und privater Seite

Ab 1979 Einzel- und Gruppenausstellungen

Ab 1985 Kunst-am-Bau-Aufträge, unter anderen:

1988 Bärenmatte Suhr (Wand und Bodengestaltung aus Blattgold und blauem Granit)

1996 Mehrzweckgebäude Jonen (Wandgestaltung Stahlrelief)

2001 Schulhaus Breite Reinach (Wand- und Bodengestaltung mit schwarzem Schiefer)

2005 Alterszentrum Mellingen (Siebdruck auf Glas)

Ab 1981 Fotoarbeiten

1994 Beginn Fotoprojekt Hallwilersee

1995 Thessaloniki: 29 Tage im Hafen

1998 Berlin: Nachtbilder am Potsdamer Platz

2007 Piräus und Syros: Schiffswerften und Frachtschiffe

Diese Freundinnen und Freunde des Hallwilersees haben mit ihren Beiträgen die Herausgabe des **Seebuchs** ermöglicht:

Hans Peter Bossart und Christiane Straumann Bossart, Zürich

Adrian und Regula Gloor-Schäfer, Aarau

Urs und Ilona Hammer, Altendorf SZ

Dr. Peter und Eva Hilfiker, Boniswil

Dr. Urs Hofmann und Monika Graf Hofmann, Aarau

Rolf Kasper, Boniswil

Claudia Katz, Zürich

Stiftung Arbeiterstrandbad Tennwil, Meisterschwanden

Felix Suhner, Hotel Seerose, Meisterschwanden

Claudio Zehnder, Bissone TI

Dr. Hans-Peter Zehnder, Meisterschwanden

Impressum

©donOrso Verlag, Aarau

Fotografie:
David Zehnder, Beinwil am See

Herausgeber:
Urs Hofmann, Aarau

Text:
Uli Däster, Nussbaumen

Gestaltung:
Hansjörg Keller, purpur, Zürich

Lithos und Druck:
Urs Zuber AG, Reinach

Einband:
Buchbinderei Burkhardt, Mönchaltorf

Verlag:
donOrso Verlag, 5001 Aarau

ISBN:
978-3-033-01548-7